Философия Коалы

*Моим дорогим малышам:
Айрис, Улиссу, Оскару и Филемону.
Лучшей поддержке К. Б.
Лучшему наставнику М. Т.
Всем вам!*

Б. Р.

Беатриса Родригез

Философия КОАЛЫ

Привет, Коала!

Иллюстрации автора

Перевела с французского Жанна Гордеевцева

поляндрия

2021

Сон

Я видела сон!

Мне снилось, что я летаю!

Я летела.

Открывала новые горизонты.

Чувствовала ветер в шёрстке.

Было чудесно.

Знаешь что?

Твой сон замечательный.

Платье

Хлоп-хлоп,

хлоп-хлоп,

хлоп-хлоп...

Хлоп-хлоп.

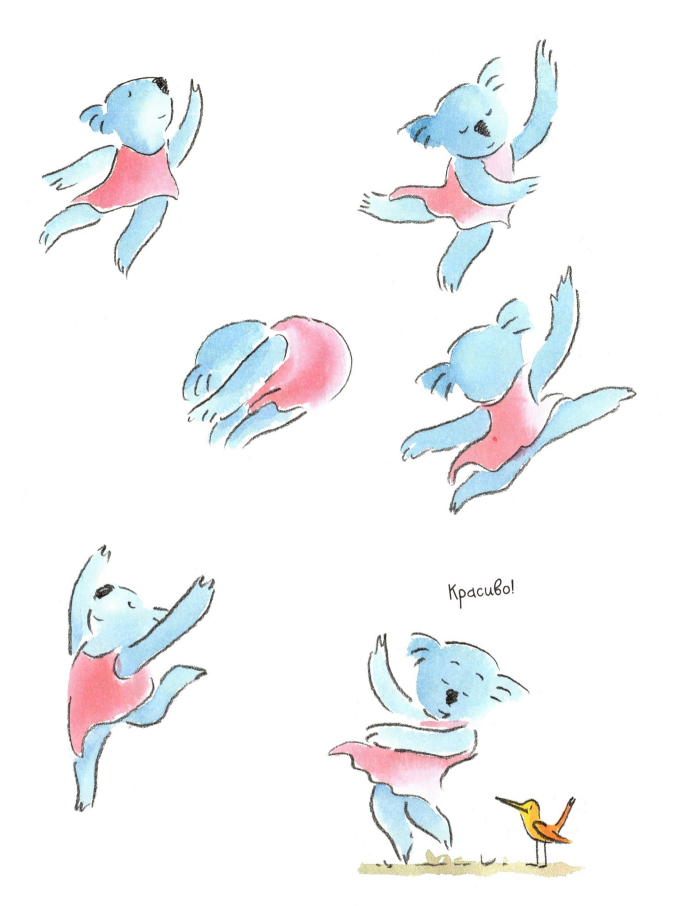

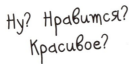 

 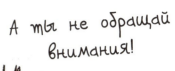

А ты не обращай внимания!

 Да, но всё же... Не хотелось бы терять друзей.

Делай как знаешь!

 Но имей в виду, что настоящие друзья не судят тебя по тому, что на тебе надето.

Платье, продолжение и конец

Хлоп-хлоп,

хлоп-хлоп...

Где твоё платье?!

Моё дерево — мой дом

Я очень люблю чесать спинку о его кору.

Моё дерево, я узнаю тебя среди тысяч других.

Даже ночью, с завязанными глазами.

Коала влюбилась!

Влюбилась в своё дерево! Хи-хи-хи!

Не знаю,
влюблена ли я...

Но в одном я уверена:
я люблю тебя,
моё дерево, мой дом,
мой друг.

Ничего

Хватит ничего не делать, пойдём!

Я не ничего не делаю, я думаю.

И о чём же ты думаешь?

Ни о чём.

Личная жизнь

Такое чувство, будто за нами следят. Шпионят...

В любом случае мне нечего скрывать.

У всех есть что скрывать.

Нет, это не про меня.

И всё-таки это очень неприятно.

Не беспокойтесь.

Я просто иду мимо.

И я всё слышал!

Коала, это ты носишь платья? Хи-хи-хи...

Сочувствие

Хлоп–хлоп,

хлоп–хлоп,

хлоп–хлоп,

хлоп–хлоп...

— Ого, сочувствие — это так странно!

— Ты прав.

Друзья мои, ваше представление о сочувствии несколько упрощённое.

Встать на место другого — да, но...

давайте уточним.

Сочувствие — от латинского compassio, compati — «чувствовать вместе» (спасибо словарю).

Для ясности рассмотрим на примере.

Пример Хамелеона

Коала гуляет. Спотыкается и падает на землю.

Коале больно. Очень больно. Птица видит, что Коале больно.

   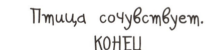

Птица рыдает вместе с Коалой.   Птица сочувствует. КОНЕЦ

Ничего подобного!

Пример Птицы

Если Коале больно, я не сижу и не плачу!

Я лечу...

Нахожу лиану и листик.

Делаю красивую повязку

и накладываю волшебный поцелуй.

Конец!

То есть...

...я не сочувствую.

Вот ещё! Вы это нарочно?

Или вы действительно не понимаете?!

Ох, бедный...

Он и правда упал.

Хамелеон, как ты?

Вот, это и есть сочувствие.

Ура!

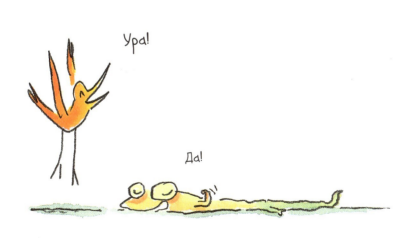

Да!

Древо мудрости

Время

Время — почему оно так ценно?

Оно же бесплатное и даётся всем в мире.

Хм... Как-то раз я слышал, что время — деньги.

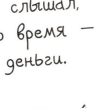

Я знаю ответ.

Да? И почему же?

Я забыл!

А, вспомнил!

Время — драгоценность, прежде всего потому, что каждый миг уникален.

Кроме того, со временем всему приходит конец, даже тому, что кажется вечным.

Пример: однажды мы умрём.

Вот почему время так ценно, несмотря на то что бесконечно.

 Что? Мы все умрём?

 Но мне никто не сказал!

 Почему мне никогда ничего не говорят?!

Хрусть

Вырвано с корнем

Твоё дерево! Вырвано с корнем!

 А ты мне не верила!

 И доверяла старому дереву!

 Ну и кто же теперь прав?

 А? Вот так-то!

  Э, да... Но вообще-то прав Хамелеон. Всему приходит конец,...

Даже тому, что кажется вечным.

Ничего не помогает

По-другому?

Ничего не помогает, я больше не могу думать.

Найди другое дерево!

Что делать?

Слишком маленькое.

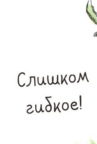

Слишком гибкое!

Занято!

Может, дерево, которое я ищу, ещё не выросло?

Как же тогда смотреть на звёзды?

Время скорби

Давай, пойдём! Вставай!

Это не так уж и сложно!

Вставай!

Вставай!

Пойдём! Поднимайся!

Она не выходит.

Моё дерево,

мне тебя не хватает.

Я любила твою силу.

Любила в ветреные деньки
качаться
на твоих ветвях.

Любила твой запах,
запах листьев,
позолоченных солнцем.

Любила слушать,
как под корой текут соки.

Любила наблюдать,
как ты стареешь.

Моё дерево.

Моя Коала,

Я горжусь тем, что ты выбрала меня.

Я любило наши беседы, твой взгляд на мир.

Убаюкивать тебя ветреными ночами.

Защищать тебя от дождя, укрывать от солнца.

Слушать стук твоего сердца рядом со своей корой.

Но я постарело, очень постарело, и мне пора.

Вместо меня будут мои дети.

Они ждут под землёй,
когда я дам им немного света.

Открой глаза,
они уже там,
рядом с нами.

У всего есть конец.
У всего есть начало.

Видишь, жизнь даёт место новой жизни.

Время пробуждения

Пойдёшь гулять?

Пойду.

Детки моего дерева.

Моё платье.

Прощай, дерево.

До свидания, росточки!

В путь

Как ты думаешь найти новый дом? Новое дерево?

Не знаю, может, оно само ко мне придёт.

Хей! Деревья же не двигаются! Они не ходят сами по себе.

Новые горизонты

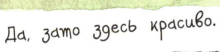

Дождь

Я устала.

Отдохнём немного.

Кажется, оно меня нашло.

Звёзды возвращаются

Верить мечтам

Хлоп-хлоп,

хлоп-хлоп.

Должен тебя предупредить.

Облако — это всего лишь водяной пар.

И никакая лестница не сможет удержаться на нём.

А? Ладно...

Тогда это лестница, чтобы добраться до Луны!

Она-то твёрдая!

Луна, говоришь? Да это же ещё хуже!

Ты что, не понимаешь: она же очень далеко!

К тому же она вращается!

Понадобятся годы, чтобы соорудить такую высокую лестницу.

А если сделать лестницу до звёзд?

Я точно знаю,
что моя идея отличная:

лестница
до самых облаков.

Иногда надо просто верить.

УДК 821.133.1-34-93.03=161.1
ББК 84(4Фра)-442
Р61

Béatrice Rodriguez
La Philosophie Koala

Родригез, Беатриса.

Р61 Философия Коалы / Беатриса Родригез ; перевод с французского: Жанна Гордеевцева ; иллюстрации автора. — Санкт-Петербург : Поляндрия Принт, 2021. — 80 с. : ил.

ISBN 978-5-6046067-9-7

© Casterman / 2020 All rights reserved
© Гордеевцева Ж. Ю., перевод на русский язык, 2021
© Издание на русском языке. ООО «Поляндрия Принт», 2021

*Издательство выражает благодарность
литературному агенту Anastasia Lester за содействие в приобретении прав.*

Ответственный редактор *Маргарита Ковалёва*
Художественный редактор *Инна Ларичева*
Корректор *Надежда Питько*

Подписано в печать 30.06.2021.
Формат издания 195 × 260 мм.
Печать офсетная. Тираж 3000 экз.
Заказ № 128446.

Издательство «Поляндрия Принт».
197342, Санкт-Петербург, Белоостровская ул., д. 6, лит. А, помещение 30-Н часть пом. 2.
www.polyandria.ru, e-mail: info@polyandria.ru

Отпечатано в соответствии с предоставленными материалами в SIA «PNB Print» «Янсили», Силакрогс, Ропажский район, Латвия, LV-2133. www.pnbprint.lv

Страна-производитель — Латвия
Наименование производителя — Sia Pnb Print
Юридический и фактический адрес производителя — «Jansili», Silakrogs, Ropazu Novads, LV-2133, Latvia
Импортёр / дистрибьютор — ООО «Поляндрия Принт»
Юридический адрес импортёра / дистрибьютора —
Россия, 197342, Санкт-Петербург, Белоостровская ул., д. 6, лит. А, помещение 30-Н часть пом. 2
Наименование и вид продукции — книга для детей
Дата изготовления — 30.06.2021
Торговая марка — «Поляндрия»

В соответствии с Федеральным законом № 436-ФЗ «О защите детей от информации, причиняющей вред их здоровью и развитию» маркируется знаком